Maria Gromska

MOJE KWIATUSZKI

- zbiór wierszy -

Chicago 2007

Mój życiorys

Urodziłam się w dniu 5 lutego 1967 roku, w Nowym Targu u podnóża pięknych polskich gór Tatr. Od urodzenia micszkałam w uroczej wiosce o dźwięcznej nazwie - Koniówka na Podhalu. Mój rodzinny dom znajduje się w pobliżu pięknego wodospadu na rzece Czarny Dunajec i mostu, który prowadzi na południe w kierunku Tatr i Zakopanego, a na północ w kierunku Krakowa.

Koniówka jako wioska zamieszkana przez górali zabudowana jest budynkami z drewna. Takie wioski można spotkać tylko na Podhalu.

Z okien mojego rodzinnego domu miałam widok na pola i rzekę, a w oddali można było dostrzec najpiękniejsze polskie góry – Tatry.

Pochodzę z prawdziwej patriotycznej polskiej rodziny rolniczej.

Ojciec mój Kazimierz Długopolski - dobry mąż, ojciec i patriota polski (jakby mogło być inaczej mając takie piękne nazwisko) - odszedł do Pana Boga zbyt wcześnie. Zostałam z moją ukochaną mamą Antoniną Długopolską, trzema siostrami i bratem Józkiem. W Koniówce do szkoły chodziłam 3 lata. Szkołę podstawową ukończyłam w sąsiedniej miejscowości o nazwie Podczerwone. Następnie uczyłam się w szkole zawodowej imienia Heleny Modrzejewskiej w Zakopanem.

W szkole tej uczyłam się dziewiarstwa, wytwarzania dzianin na maszynach i innych technologii w zakresie produkcji włókienniczej.

Zawodu tego nie lubiłam, mimo że uczyłam się w tej szkole. Szalik ręcznie robiłam chyba 6 lat i właściwie do dzisiaj nie został skończony.

Na maszynach szło mi natomiast bardzo dobrze, bo zawsze miałam oceny na 5+. Koleżanki dziwiły się, że potrafię najszybciej ukończyć jakiś produkt, który nawet nie spadł mi z maszyny.

Nauczycieli moich wspominam życzliwie. Wymienię choćby takich jak panią Marię Figus, panią Janinę Dudek, które lubiłam szczególnie i pana Ryszarda Kila, który uczył mnie technologii.

Jako córkę rolnika z Podhala ciągnęło mnie do pracy na roli. Już jako dziewczynka jeździłam na traktorze. Oczywiście byłam świetną woźnicą jeżdżąc konną furmanką. Szkoda, że takich furmanek już nie ma. Cóż to była za radość zaprząc koniki do furmanki i jechać, jechać. Z konikami można w czasie jazdy porozmawiać - z traktorem rozmowy nie ma.

Pracę na roli lubiłam bez wyjątku na to, jaka była. Jazda na traktorze również sprawiała mi radość. Zawsze marzyłam, żeby mieć własny traktor. Kiedy go już miałam, niestety musiałam wyjechać do USA. Traktor i maszyny rolnicze zostały w domu w Czarnym Dunajcu.

W 1993 roku wyjechałam z moim mężem i dziećmi do Chicago w stanie Illinois w Stanach Zjednoczonych. Chicago jest największym 'polskim' miastem w USA. Mieszka tu bardzo dużo polskich emigrantów z Polski, między którymi jest wielka ilość górali, a ja z moją rodzina stanowimy ich cząstkę.

Jestem patriotką - POLKĄ - mimo że już prawie 13lat przebywam na obczyźnie.

Dzieci moje uczę języka polskiego i zawsze przypominam im, że są Polakami mając rodziców - POLAKÓW.

W domu moim jest narodowa nasza flaga polska i orzeł w koronie.

Zapewniam, że do końca mojego życia pozostanę POLKĄ.

Maria Józefa Gromska z domu Długopolska.
Pseudonim - Hej! -->PODHALE:O)***

Mój e-mail: koniowka@mariagromska.pl
Moja strona: www.mariagromska.pl
Mój blog: www.mariagromska.pl/blog

Mój wirtualny spacer po Koniówce: www.kwiatek.krakow.pl/koniowka/virtual-tour/

Teraz pragnę podziękować tym wszystkim, którzy pomogli mi w jakikolwiek sposób do powstania tej mojej książki:)) Najpierw Karolowi Kwiatkowi który najpierwszy odezwał się, aby zrobić mi stronę PANORAMY z mojej wioski KONIÓWKI.

Teraz może wymienię paru moich najbardziej wspierających duchowo i silnie:)))))**

Na pierwszym miejscu któż jak nie KWIATEK:)))***
http://www.kwiatek.krakow.pl

To on robi wirtualne wycieczki po wioskach Polski. Oto strona jego firmy:
http://www.panometr.com

A potem Radosław Sobolewski:)))*Grzegorzowi Świderskiemu najbardziej pomocny mi psychicznie:)))hej:)) tereferebumcykowi i Duracelowi oraz mrukowi:)
http://www.internauci.pl
http://www.wietrzneradio.com
http://www.tygodnikpodhalanski.pl
http://www.lksorawa.go.pl
http://www.interia.pl
http://www.wirtualnapolska.pl
razem z Malyszem:)))****
http://www.czarnydunajec.com
Tobie Doti z Arizony
http://www.czarnichicago.com
http://www.ichtroje.pl
http://www.polishpub.net
http://www.tvpol.com/index.php?pid=270&gid=4&oid=119
KRZYSZTOF IBISZ GRA W CIEMNO:)))
http://www.podczerwone.xu.pl/

Właśnie moje podziękowanie będzie samym stronom:)) internautowym:)))**

Hej i paru ludziom lubianym i wybranym:))))***
oraz bardzo kochanym i bliskim mojemu sercu:)))))***
Mojej rodzince że wytrzymała ze mną tyle lat pod jednym dachem:)))))*********
Józefie Kulesza z Bielska Podlaskiego
Rodzinie Zodzik i Uli Zodzik - Kruczkowskiej z BIAŁEGOSTOKU:)))*
Katarzynie Truchan z Cichego, Bolesławowi Wesołowskiemu z Orawy Jablonki,
ANNIE, Janowi, Andrzejowi, Klaudii Szlembarskim,
Jolancie i Kazimierzowi Świątkom z Jaworzna oraz Lejom,
Marii Leji, Rozalii Fiedor,
Marii Micek
Marii Zięba - Gil
Annie Szyzdek - http://carpathia.home.att.net/handptcor.htm
Markowi, Krystynie i Adamowi Misiak - http://www.insiderpages.com/b/371393108
Daniella i Stanley Wójcik z Chicago:))** - http://www.stampedemeat.com
Olek, Tomek i Zbyszek Pietrzyk
ADAM LIZAKOWSKI - http://www.poczytaj.pl/7581
Złodzieje CZEREŚNI:))))))))))*
http://www.hinda.com
Alfred i Terenia Sobieniak
http://www.katolik.pl oraz moja myśl Jan Paweł II
http://www.chicago.citysearch.com/profile/35288223/justice...
Bogdanowi Gal:)
ŚWIĘTEJ PAMIĘCI KSIĘDZU PRAŁATOWI ZDZISŁAWOWI WYROWIŃSKIEMU
oraz
Józefowi Kamilla, Józefowi Komarowi, Karolinie, Barbarze i Januszowi Śliwa.
Podziękowania dla Doroty Silaj, Przemka Grochowskiego i całej drukarni DSP w Chicago.

Moje wiersze

CIESYM SIE CIESYM

CIESYM SIE CIESYM
ZE WOS JESCE UWIDZYM
TE MOJE POLA Z KWIOTKAMI
TE MOJE GOJE Z PTOSKAMI
TYN WODOSPAD COK SIE POD NIM PLUSKALA
TYN MOST PO KTORYM NIEROZ CHODZILAK
TYN DOM RODZINNY COK SIE WYCHOWALA
KOZDOM TRZOSKE SLYSYM CO SIE W PIECU POLI
I TYN LISTEK CO Z DRZEWA SPADO POWOLI I KOZDEGO CO TOM MOJAOM GWORE CHWOLI
CIESYM SIE CIESYM DO WOLI
KOZDEGO DNIA CO TAK WARTKO MIJO
I WSZYSTKIEGO TAK
MI CEGOSIK W TEJ AMERYCE BRAK
TO MOJ ZNAK
Z KONIOWKI

CHICAGO 2 luty05.1997 rok.

Poetka poeta serce Hani

Wiem ze nie bede nim
moge tylko zaczac
w glowie slowo rosnie
jak kwiat na zielonej lace
a ucieka jak halny wiatr
slowo ktore musze czasem podlewac
i nie moge nic wymyslec
serce Hani
Haniu z Bachledzkiego wierchu
najpiekniej spiewalas Krywaniu, Krywaniu
kiedy my tam byli, grali, spiewali
jakis grajek gral nam ostatni raz
Haniu talentow masz duzo i serce nie od parady
kazda rzecz zrobisz sama
pomodz chcesz ludziom duzo
masz serce dobroci kazdemu wspolczujesz
ludzie nie zapomna twojego serca dobrego
Ci ktorzy Cie krzywdzili
moze krzywdy doznaja sami
to co sie stalo
juz sie nie odstanie
tylko nam serce Hani poetki zostanie.

Praca

Brama portiernia i w szatni drzwi
bylo to piekne isc do CIEBIE
kiedy przebralismy sie wchodzac na gore
witala nas praca kochana
ktos nieraz byl zly na Ciebie
narzekal ze wiecej juz nie wroci
ale na drugi dzien ta sama byla praca
praca bedzie praca.

IMIENINOWY PREZENT KAZIMIERZA

Imieninowy prezent Kazimierza
Tatusiu ten prezent nam wybrales
Zostawiajac nas sierotami, czy nie dobrze bylo Ciz nami
przeciez zostalismy mali
czy godzina pierwsza byla dla Ciebie milsza
ktos nie chcial Ci dac kluczy
sam wzioles sobie
Cierpieni bylo duze
nie wiedziales o tym
Tak musielismy sie tulac po miedzy zlych i dobrych ludzi
tyle bolu nam zadales przez lat nie wiem ile...

Matko Moja Kochana

Matko moja kochana
Tyle trudu i troski dalas mi
przez cale swoje zycie
bawilas swoje dziecie
widzialam jak nieraz plakalas
wiem jak o mnie Matko dbalas
bym byla zdrowa i nakarmiona
potem mnie bralas z usmiechem na ramiona
teraz czekasz Matko Moja Kochana
bym przyszla do Ciebie pieknie ubrana
Jak popatrzysz na mnie bedziesz zdrowa wesola
Matko Moja Kochana tak duzo mam slow do pisania
tylko sie boje ze z sercem bedziesz zaplakana
takim wielkim skarbem Cie nazywalam
i nazywac bede wciaz.
Matka to moj skarb.

CHICAGO Maj.12.1997 rok.

„Moja Mama"

Tam daleko za morzami

Tam daleko za morzami
Jest moj kraj
Tam daleko za morzami
Jest moj kraj
Tam daleko za morzami
Wsrod tych pieknych drzew
Jest moj kraj
a W TYM KRAJU mieszka
Sama Moja Mama
przyjedz tu
przyjedz tu
Moja Mamo
Przyjedz znow
Szczescie moje Tam
Przy Mamie
bylo codzien
bylo codzien
Kiedy spalam
i szlochalam
Mama zawsze ratowala
a wy co?
a wy co?
a wy co?
Wsrod tych
pieknych
Kwiatow polnych
Wsrod jesieni oraz zimy
Mamy wiosne za dni pare
Potem lato
to jest to
to jest to
to jest to
nie ma wojny
nie ma nic
znowu pokoj
na ziemi

„Morze Bałtyckie"

Kazes Giewoncie Giewoncie mój

Kazes Giewoncie Giewoncie Moj
Nad morzem stala
w piosku grzebala
na slonko
z chlopcem razem
patrzala
kiedy jej zojdzie
ostatni roz
slonecko male
ostatni roz

Kazes Giewoncie Giewoncie moj
Kazes Giewoncie TY MOJ
a NAD TYM MORZEM MEWA BYLA
I TAK latala
ponad morze
myslami byla przy Giewoncie

Kazes Giewoncie Giewoncie moj
Kazes Giewoncie TY MOJ
Fale przybraly
Giewont zalaly

Kazes Giewoncie Giewoncie
Moj
I tak przed czasem
przyszlo sie z morzem
roztac
na pare
pare lat

Kazes Giewoncie Giewoncie
Ty moj

Kazes Giewoncie
Ty Moj
OJ jako odleglosc
byla wtedy
daleko
a teroz
jeszcze dalej

Kazes Giewoncie Giewoncie moj
Kazes Giewoncie Ty Moj.

„Giewont"

Malysz

Obezryj sie na te Turnie HOLE
CY sie kiedy wrocis
cy zastanies
takie same
takie piykne
pod sloncem
han widac
lasy
skocnie Krokiew
chciolby kozdy
tam wyjsc
i skocyc jak
Malysz.

Chicago 4.14.2002Rok

Gazda Goral

Gazda Goral
Na ta wlasnie rocznice
Jozefie Tischnerze
pisze Ci ten wiersz
od serca
choc Cie nie znalam
tylko z filmow
ale raz blisko widzialam
na weselu
patrzylam na Ciebie
dlugo w kosciele w Lopusznej
jak pieknie kazanie prawiles
o mlodej parze
ktorej wlasnie slub dawales
potem siedziales za stolem
z mloda para na weselu
i tak sobie myslalam
jak moze wygladac czlowiek
filozof
oczom
nie moglam uwierzyc
ze to taki sam
czlowiek
Gazda Goral
stworzony i swiety
taki byles usmiechniety
i po goralsku
tak samo
godoles
tak samo
godoles
jak my
Gazda Goral
ktory doswojego serca
wszystkich wolal

Panorama wnętrza Tischnerówki w Łopusznej. Pełną panoramę zobaczysz w prezentacji multimedialnej "Gotyckie drewniane kościoły Podhala" wyprodukowanej przez firmę PANOMETR: www.panometr.com / info@panometr.com

Majowki w Dzwonnicy

Majowki w dzwonnicy
Byla sobie i jest wies Koniowka
byla dzwonnica i byla majowka
kiedy zblizal sie maj
dziewczynki wchodzily w gaj
oj tam bylo duzoroznych
kwiatkow
kaczence zabie
oczka(niezapominajka)
malutkie bratki i mlecze zolte
nawet narcyzy i tulipany z ogrodka
czy piwonje
bibulka byla w ruchu bo my robily
pajaki
z bibulki piekne kolorowe
i w dzwonnicy wysprzatane
staly w dzwonnicy drewniane kuliki
i drabina stojaca do Dzwona
kazdy kto byl ciekawy drabiny i
Dzwona
mogl tam wyjsc wysoko
z jednej strony okienko
wychodzilo na Podczerwone
Z DRUGIEJ Chocholow
z trzeciej pola woda lasy
a z czwartej znow pola
brzegi i te Gory
co sie ich tak strasnie bojym
na gorze przy Dzwonie
byly nieraz wrony
w drabinie byly szczeble
co drugi szczebel
byl dobry
trzabylo dobrze sie styrmac
i kroki robic
Kiedy wybil 1-szyMaj
i DzWON
O SIODMEJ GODZINIE
to byl glos Dzwona Kowalika
naszej Koniowki
wszystkie dzieci male i duze
zlatywaly sie
nawet chlopcy przestali grac w pilke
na bojsku naszej malej Koniowki
Moja babcia brala sznur
ciagnela
w dol i w gore
podskakiwala
O Maryjo Witam Cie.....
to byly pierwsze slowa
tej piosenki ktore sie rozlegaly
piekna byla Gwiazdo sliczna
wspaniala....
nie wolno bylo sie ruszac
bo babka miala kulke
i kto byl nieposluszny
za szyje ciagnela
kulka z tylu do przodu ku figurce
kiedy byla burza zaraz trzabylo ja
odstraszac
tym wlasnie koniowianskim
dzwonem
tak sie dzwonilo ze az Dzwonnica sie
ruszala
ale boc sie nie wolno bylo
w kazdy dzien o 12:00-tej godzinie
DzWON NA ANIOL PANSKI BIJE
kto co robil wszyscy sie odrywali od
roboty
i sami sie bili w piersi
kolo Dzwonnicy zawsze najwiecej
bylo fiolkow
jak aniolkow
Piekna Ta Nasza Dzwonnica
i Wies Koniowka
choc se byla mala ale zawsze wesola
Dzwon bije o kazdej burzowej
godzinie
jak pioruny bija tez
i dlatego
odstrasza burze i pioruny
dalej bedzie Dzwon bil choc mnie
tam nie ma
tylko ktos inny sznur ciagnie

podskakuje
dzieci sa mlodsze
a my jestesmy starsi
tylko pamiec i wspomnienia
nam po niej zostala
gdzies w sercu gleboko
w uszach mi Dzwon bije
dalej
i spiew
Naszej Maryji Blogoslawionej

Kruszyna z Nieba

Byla to kruszynka z nieba
....
byla to kruszynka z nieba
jak mysle dzis o tym
to ciagle jestem tam
choc to bylo skromne
bylo dobre
a dzisiaj nie ma tego smaku w Ameryce
i na swiecie
to jest inne jakies
dziwne
to jest chleb
ile tego sie wyrzuca?
wPolsce dawno
w kolejkach
bili sie o chleb
dzisiaj chlebem bija
czy to jest chleb?
ten chleb boli
kawaleczek nieba sie wykrusza
sciska mnie wtedy cos bardzo
cale serce sie wykrusza
dlaczego wyrzucaja
a glodnym nic nie daja

Ludzie
czy to smieci czy to chleb
czemu taka twoja leb
czlowieku 21-go wieku
bedziemy tylko jadac na wieku
za duzo tego chleba jest
W Polsce dawno robilo sie
krzyz na chlebie
jak sie kroic zaczelo
W Ameryce
teraz
maszyna kroi
krzyza nie robi
czy wy robicie ?
kto robi jeszcze krzyz?
czy zapomnieliscie o krzyzu na chlebie
to jest naprawde nasz krzyz
nie wiem dlaczego tak pisze
czy to ja
czy ktos mi dlugopisem pisze?
a ja w nocy nad nim w Ameryce wisze
wisze i wisze
a on znowu na krzyzu zawisze
tylko za nas.

CHICAGO 4.10.2001 ROK

Kocham to jedno moje zycie

PO CO TO ROBIE?
to wiem tylko ja
chciales i dales mi TY
A teraz zadajesz pytania
Odpowiedz
sam musze zrobic
W kazdym dniu zycia mego
ile jest koloru niebieskiego?
na naszych oczach
i naszym niebie
ile jest koloru zielonego?
tyle jest lasu i plazow
ten kornik nam wszystko zje
za wszystkie mysli
ktore nam dajesz na poczekaniu
Kocham to jedno
Moje zycie
ILE JEST LUDZI NA SWIECIE?
to kolor calkiem bialy
i nic nie zostanie
na ziemi
bo to samo zgnije
Tylko ta dusza zostanie
i widzisz wtedy sam
Kocham to
Jedno
Moje zycie
I OBOK Jestes
teraz tu przy mnie
i mowisz tak jakbys
Kochal Swoje Zycie
TAKIE DOSTALES W ZACHWYCIE

TY JESTES TYLKO MOIM ZYCIEM
Kocham Cie zycie

„Panorama Koniówki"

Tobie milosc oddam

Tobie milosc oddam
Tobie pokochalam
Tobie oddam milosc
I jeszcze bym chciala
I jeszcze bym chciala
Na dalsze lata nasze
Pamietaj o tym zawsze
Ze Cie Kochac bede
Tu i tam
Gdzie tylko pojde
W ten swiat
Nasz szeroki
Oj!Oj!Oj!
Ty moj Kochany
Pamietaj i Ty o tym
Niech milosc wzajemna
Nich bedzie ona pamietna
Kiedy mi podasz reke
I ja Ci tez podam
To wtedy milosc
Podwojna
Rozplywac sie bedzie
Rozplywac sie bedzie
Tobie milosc oddam.

W Moim Ogrodzie

W moim ogrodzie
tez rosna roze
czy jakies kwiatki fioletowe
w moim ogrodzie tez rosnie kwiat
ktory na imie maciejka ma
w moim ogrodzie
leje sie woda
tak-tak-tak!
sumi jak wodospad
w moim ogrodzie
choc tu jest skromnie
budzi sie swiat
w moim ogrodzie
blaszki migoca
bo te juz kwiaty fioletowe
przekwitnely nam
w moim ogrodzie salata rosnie
jak ja ugryze
ona jest slodka
w moim ogrodzie
pomidor zjadlam
bo pierwszy czerwony
znalazlam dzis
a ogoreczek taki malutki
jak dotkne sie jego dziobiace listki
w moim ogrodzie
slonecznik rosnie
czego w tym zyciu
jeszcze mi brak
rzodkiewka swieza
marchew,pietruszka
chyba jabloni i gruszy brak
w moim ogrodzie wygladam Ciebie
jak przyjdziesz z pracy usta mi dasz
czego ci jeszcze dziewczyno brak
w moim ogrodzie
szczypior jest duzy
w moim ogrodzie
dwa rosna bzy
w moim ogrodzie
rabarbar rosnie
a liscie sa takie jak by we snie
w moim ogrodzie
stokrotki biale
i pomaranczowe nagietki
i slychac slychac ptakow spiew
a koper pachnie tak jak w kapuscie
w moim ogrodzie
czego ci jeszcze dziewczyno brak
OTTO
wlasnie mlodzienczych
polskich
lat.

18 lipiec 2002 godz.14:39

Hej! Kwiatek Kwiatek

Hej! Kwiatek Kwiatek
Hej! kany dzis jedzies
moze w Koniowke
dzis w odwiedziny
Hej!Kwiatek Kwiatek
kogos tam mos?
w tej malej wsi Koniowce
Hej! siedzi tam sobie
Hej! ino kolegakolega moj!
Hej! Kwiatek biere dzis
buty,kijki i narty
Hej! Kwiatek jedzie
Hej! w GORY
Hej! Tatry
Biere kolege jesce jednego
zeby ogladnac nase strony
zeby w Koniowce
wyrobic TRASY SPORTOWE
Hej ! bo tam juz za rok
moze i dwa
bedom sportowcy
jezdzic po trasach
BO bedzie tam przecie
Memorial Wojciecha Fiedora
Ktory to piyrsy
w Koniowce otworzyl
DO SPORTU KARIERE NOM
JESZCZE I SKOCZNIE TRZEBA TAM ZROBIC
ZEBY SKOKAC JAK NOJDALYJ.

Chicago 2003
06 lutego 2003 19:00pm

Wiersz Józefa Komara:

Rodzinna wies!
Rodzinna wies!
Koniowka-
Wioska Podhala
wtopiona w przestrzeni gorskiej
pomiedzy Chocholowem
a Czarnym Dunajcem
W niej kaplica i wieza dzwonnicza
To male Sanktuarium
dla tej podhalanskiej miesciny
Choc brak kosciola
to wiara w Boga istniej
Majowki z litania Loretanska
....i spiew piesni
rozchodzacych sie po lakach

To region goralski
laczy on Stany z Podhalem
To region powstan goralskich
a dzwonnica Koniowkowa
zna wiele tajemnic tej wioski
....
Bila nieraz na alarm
bila na trwoge
Widziala rozbijajacy sie opodal
samolot aliancki
Wiele widziala
Wiele by tez powiedziala

....dzis tu stoi
Stoi czasami opuszczona i samotna
Czasami rozjasniona w kwiatach
A w maju
W te piekne w majowe dni
to majowki
Wypelniona wiernymi
i tylko slychac z dala
spiew
Po gorach dolinach rozlega sie glos.....

Dla Marysi Dlugopolskiej z dedykacja od Jozka Komara z Zakopanego 2002 rok.

„Czarny Dunajec"

Dziekuje Ci

Dziekuje Ci ze jestes dobry
Dziekuje Ci za chmury
Dziekuje Ci za kazdy ostatni poranek
Dziekuje Ci za kazdy ostatni podarek
Dziekuje Ci za Polska mowe
Dziekuje Ci za kazdy jezyk ktory umie
Dziekuje Ci za sile ktora mi dajesz
Dziekuje Ci za kazdy wierszyk, choc pisze malutki
Dziekuje Ci za nutki
Dziekuje Ci za talerz ostatniej zupy podanej
Dziekuje Ci za owoc mojej milosci
Dziekuje Ci za reke
Dziekuje Ci za noge
Dziekuje Ci za moja osobe
Dziekuje Ci za to co mi sie szykuje
Dziekuje Ci za krzyze
Dziekuje Ci za to ze staje sie codzien lepsze
Dziekuje Ci za to ze dzisiaj wstalem
Dziekuje Ci za zegar ktory mnie codzien wzywa
Dziekuje Ci za to co dzisiaj knuje
DziekujeCi ze CI sie boje
Dziekuje Ci za wszystkie ukojenia moje
Dziekowac nie przestane
Zawsze Ci powiem to jedno slowo
Dziekuje.

*Pazdziernik 14.2001 rok:))**

Wietrzneradio1080am

PIERWSZY ROK

Hej wietrzne radio nase w AMARYCE godo
Hej na Belmoncie stoi DOMECEK WYSOKI
Hej dwoch chlopow tam glosi
Hej informacje wszystkie
Hej pytania se majom
To ludzie wygrywajom
Hej z POLSKI tyz se dzwoniom
I nos pozdrowiajom
Hej TO Wietrzne RADIO NASE 1080AM
fale niesie wszedzie
Hej kartek tam duzo majom
Hej i o SPORCIE wiedzom wyniki typujom
Hej jak w TOTOLOTKO numera stawiajom
Hej kazdy WOS se slucho
Bo reklam mocie duzo
Hej nawet DOME NASOM co paczki wysylajom
I dolarow duzo przez POLSKIE PeKaO
Nawet i przez to tu radio
LUDZIOM PRACE DAJOM
Hej a u Ewy z LANDMARK
DOMY SPRZEDAJOM I KUPUJOM
Hej a w Czwartek i w Piatek
SKARBONKE przed dwunastom NOM ROZBIJAJOM
Ze na bulke z maslem Januszowi z Mackiem nieroz nie zostawiom
Hej na tych zdjeciach WASZYCH piknie wygladocie
Nie rok ani nie dwa ino wiecznie nom godojcie i grojcie
Hej wszystkie radia lubiym ale nojwiecej WASE
Hej WIETRZNERADIO WASE
HEJ CHICAGO 1080AM
AM AM HEJ:)))))))))))**

5 CZERWIEC 2001 ROK

PIERWSZE URODZINY WIETRZNEGO RADIA 1080AM

Tam posrod fal radia
Jest znany glos Janusza i Macka
Wietrzne radio glosi 1080 1080
Chicagoam
Sluchajcie nam sluchajcie nam tego radia
WSZYSCY NAM
Wszystkie informacje dzis dajcie nam
Dzis dajcie nam
Z calego swiata i Polski naszej
Pilnujcie Przeciek aby nie wyciekl
Nigdy nam
To nasze radio zawsze nam wieczne
A w internecie na calym swiecie
Graja nam POLSKA GRA POLSKA GRA
My wierni sluchacze
Kochamy Wietrzne Radio i Przeciek
Kochamy Was Kochamy Was
Sluchamy Was Sluchamy Was
Caly czas
Choc tu w Chicago dolarow duzo
Ale tesknota i POLSKA NASZA
WIERNIEJSZA NAM WIERNIEJSZA NAM
Kazde to slowo POLSKIE NIECH ZYJE
I WietrzneRadio dlugo niech zyje
NIECH ZYJE NAM
Kiedy zaswieci w Chicago slonko
Wtedy wkladamy koszulki Nasze
Z napisem CHICAGO WIETRZNERADIO 1080AM:)
hej:))

20.MAJ.2001 ROK

ZIEMIO OJCZYSTA

Odjezdzalam i myslalam
czy jeszcze powroce
zamykajac zolte drzwi
czulam sie obojetna
zegnaliscie nas wszyscy
moze marzyliscie o liscie
dlaczego tak?
wysylasz nas
Ziemio Ojczysta
czy nie mozesz zatrzymac nas
zostawilismy CIE Zpolami
wraz z wrzosowiskami i miloscia goraca do Ciebie
musimy isc przez zycie szukac wciaz nowych przygod

z dnia za dniem a pan mi podpowiada slowo ktorego nie znam
ziemio ojczysta:)*

Chicago 3.20.1996Rok

WIOSNA IDZIE

Nareszcie
Wiosna idzie
Dzisiaj spotkalam
sloneczny dzien
Wiosenny i prawdziwy
Dzien w Oak Lawn
Wczoraj na spacerze bylam
I szyszek swierkowych nazbieralam
Slonce swiecilo mi w oczy
Tak aby i dzis Wiosne zobaczyc
Gdy wyszlam na dwor
Dzieci graly w pilke
Skakaly radosnie i mowily
Ze tez czuja Wiosne
hej:))
Kiedy widze twoje oczy
Jak sie do mnie usmiechaja
To az serce mi podskoczy
Tak jak twoje zawsze oczy
Moge patrzec bez ustanku
Moge sluchac tak jak Ty mnie
Moge snic nawet oo Tobie
I nawet Kochac Cie hej:)**
a dlaczego to jest tak
Bo to WIOSNY PRZECIEZ ZNAK:)**
Gdy zaswieci slonce lepiej
Gdy promienie w oczy beda bic mi
Takie dlugie zlocistawe
Zlocistawe juz WIOSENNE
Wyjde jutro znowu na dwor
I zaloze ten kapelusz
ABY PAMIETAC PAMIETAC CIE
HEJ:))***
I zobacze WIOSNE NASZA
I to wtedy za to podziekuje Ci*
Podziekuje i usciskam Cie
HEJ:))
Tak samo WIOSENNIE
JAK TY kiedys mnie
I powiem Ci
WIOSNA IDZIE:))***

Maria Gromska

02:10:49PM

Jesien 22 WRZESIEN

Zakochalam sie
w wietrznym radio1080am
ZAKOCHALAM SIE W SAMA JESIEN
choc nam radio gralo w dzien
choc spadaly liscie z drzew
zakochalam sie
zakochaalm sie:)*
choc ogloszen bylo tez
choc i humor smialam sie
zakochalam sie
zakochalam sie
w wietrznym radio1080am hejj:)
zakochalam sie
zakochalam sie
w samom jesien22wrzesien hej:)
zakochalam sie w sama jesien

bo w Chicago gralo nam
bo w Chicago gralo nam
i na swiecie
zakochalam sie
to juz wiecie hej:)***
www.wietrzneradio.com
Goralu czy ci nie zal
Goralu wracaj do hal
A Goral w CIKAGO siedzi
i TESKNI DO SWYCH NIEDZWIEDZI:o)***
Goralu czy Ty to widzisz;?)*
Goralu to Wietrzneradio w Chicago
GORALU BO TO BO TO
PRZECIEZ NASZ DOM
W SERCACH I W SIECI:)*

„Chicago"

Pory Roku

U mnie dzis jest jesiennie
krzaki z pomidorow wytargalam
nawet z ogorkow liscie wszystkie
na niebie jest jak kwasne mleko w garnku
JESIEN WIDAC JESIEN
Czerwone liscie i zolte widac na drzewach
od swiatla ktore swieci noca
nawet zielone drzewa widac
a trawa u sasiada jakas zlocista
Jesien znowu Jesien 2005go roku w Chicago
Kwiatow tyle mam jesiennych
wszystkie kwitna razem
tak pieknie w kolo domu jesiennie
widac ze w sercu
CZLOWIEKA jest MILOSC
JESIEN W CHICAGO JESIEN
trzeba posprzatac w ogrodzie
pograbic liscie jesienia
trzeba przykryc KWIATKI
trzeba KROK zrobic do przodu
trzeba isc dalej
aby JESIEN ZOSTALA W CHICAGO
Niech KWIATKI wyrosna nowe
i nowym ludziom do szczescia potrzebne
to ze jestem mala
a SWIAT TAKI W JESIEN OGROMNY
wiem ze trzeba isc naprzod
i KROKI stawiac wyraznie
aby zostawic SLADY
CHICAGOWIANSKIEJ JESIENI
TYLE MI TYLE JESIENI W PAMIECI
W CHICAGO POZOSTALO
tyle Ty moje CHICAGO
wszystko sie kiedys konczy
wszystko konczy sie z czasem
wszystko zostanie w pamieci
wszystko i KOCHANA JESIEN
ptaszek mi teraz zaspiewal
zegar tyka jak kazdy
teraz i kogut zapial
a teraz konie z wrzaskiem
jeszcze kukulka zakuka
i koniec
JESIENNEJ PORY
DZIS WALASNIE
trzeba myslec wyraznie
trzeba czekac
na ZIME
ABY SIE OGRZAC PRZY PIECU
PRZY KOMINKU NIERAZ
zarzuce sobie kocyk
i bede spiewac
JESIENNIE
ABY WAS DALEJ KOCHAC
moi mili tu wszscy
choc niecierpicie mnie nieraz
no coz na to poradze
jak taka ma wlasnie droge
i ciagle stawiac kroku
do przodu do przodu
kazdego roku
i co dzien stawiac czola
przed ludzmi tu WIELKIMI
ja maly czlowieczek
ale kiedy wspomne
tu JESIEN
TO WSZSYSCY WSPOMNIEMY
WSPOMNIEMY
TO SAMO TO SAMO TO SAMO
jak ja dzisiaj wspominam sama
tu dzisiaj w CHICAGO
GDY ODEJDE OD jesieni
I MYSLAMI BEDE
W ZIMIE
zaraz zaczne snic
O WIOSNIE
aby LATO MI SPRZYJALO
HEJJJJ:)*
z powazaniem zza morza USA
Maria Gromska hej:)*

Skarb Czy Milosc

Milosc jest piekna
gdy swiat sie usmiecha
gdy slonce swieci
i wieje wiatr
gdy szumi woda
i ptaszek spiewa
takie to tylko
proste i proste
ludzkie slowa
hej
gdy serce puka
i glosu slucha
to serce proste
najcudowniejsze
aby zylo sie nam
w zimie i w wiosne
hej:)
w lecie i calej jesieni
cala to pora moja
milosci mej
a moze skarbu mlodosci
i tak zadaje sobie pytanie
skarb czy milosc
to jest hej:)))

Maria Gromska
Sro Lut 22, 2006 5:39 am

„Sikorka"

Zima Zima

Zima Zima
swiat sie zmienia
Zima Zima
Okazuje milosc nam
Zima Zima
Dzis NAS NIE MA
Snieg tez
Potrzebny jest nam
Licze na Ciebie Zimo
Licze Zimo na Ciebie
Licze w kazdy dzien
Licze moja ciekawosc
Licze i dni grudniowe tez
Gdy Ci powiem Zimo
Gdy Ci powiem kim Jestem
Ty zaraz z mrozem przychodzisz
Ty oslaniasz mnie hej
i ja tu za chwileczke
Powiadam Ci to teraz
Ze przyjde znow do Ciebie
W to Boze Narodzenie hej:)
GdY JADE do Chicago
Spogladam na Ciebie Zimo
Spogladam mymi oczyma
Spogladam i dzis i tu teraz
Powiedz ze jestes z nami
Powiedz ze jestes zawsze
Powiedz nam Zimo zimna
Czy to twoja jest zmienna
Pogoda ta grudniowa 2005
Grudzien Grudzien nam leci
Grudzien z gorki jak dzieci
Grudzien ma pore zmienna
Grudzien ma pore ciekawa
Ja KOCHAM CIE ZIMO ZIMNA
I dzis to zrozumialam
Ze Ty tez jestes nam potrzebna
Powiedz do ludzi dmuchnij
Powiedz do ludzi huhu
Powiedz do ludzi kuku
Ze Ty tez nam jestes potrzebna
Ze Ty tez jestes potrzenba
W te nasze grudniowe ranki
I wszystkie popoludnia
Nawet wieczorami
I noca kiedy spimy
I kiedy snimy o TOBIE
Coz mi na to Zimoooo
I coz poradzisz mi
ze ja tu jestem goraca
a Ty zimna wciaz wokol mnie

Gru 15, 2005 3:32 am

SEN

Wlasnie wstalam
mialam taki piekny sen
nawet kapela goralska mi grala
chodzilam po rynku w Czarnym Dunajcu

obudzilam sie bardzo strzesiona
i nie wiedzialam gdzie sie podziewam
naprawde dosc dlugo spalam
a ten sen teraz ogladam sobie

sen jest dla mnie wszystkim
sen jest dla mnie wiedza
sen jest dla mnie wierszem
sen dla mnie poezja

ze snu powstaly mi wiersze
a teraz czytam czytam i pisze
jakby we snie
HEJ:)

„Wodospad w Koniówce"

POCZATEK DOMU I KONCA

Jest POCZATEK
Jest i KONIEC
Zycie dla czlowieka
Zaczyna sie i konczy
Tu na ziemi
TAK to bywa
ZE DOM sie ma wlasny
ale trzeba odejsc z niego
tam gdzie jestes potrzebny
Kazdy z nas DOM
swoj zostawi
i pojdzie z niczym
do krainy Niebios
bogaty czy biedny
Dom swoj ma u Pana
a ten Dom
WIECZNY
W DUSZE JEGO
tam wszyscy
bedziemy zyc
zgodnie
JAK NA POCZATKU
W TYM DOMU NASZYM

MariaGromska

Sro Lip 26, 2006 3:52 am

Maly Inwalidek

Gdybym byl motylem
MATKO MOJA KOCHANA
polecialbym w GORE
Gdybym byl tez ptaszkiem
MATKO MOJA KOCHANA
polecialbym najdalej
Gdybym umial trzymac
pilke w dloni mojej
to gralbym sobie gral
jak dziecko zdrowe co dzien
gdybym mial te moje nozki
ktore biegaja na nich
inne dzieci nieraz
MATKO MOJA KOCHANA
polecialbym na lake
zerwac Ci MAMO kwaitki
i przynioslbym Ci dzis
NA DZIEN MATKI
MATKO MOJA KOCHANA
Gdybym umial sam siedziec
i mial tak duzo sily
usiadlbym sobie nad rzeka
i patrzylbym na fale
i na rybki
ktore w niej plyna
MATKO MOJA KOCHANA
wiem ze tego
nie bede mial moze
ani morze mi nie pomoze
ale zaplacze zaplacze
kiedys sobie
nad tym moim zyciem
w ktorym zyje
co dzien
MATKO MOJA KOCHANA
JAK TWOJE DZIECIE
Gdybym umial spiewac
zaspiewalbym ci piosnke
najpiekniejsza na swiecie
MATKO MOJA KOCHANA
TA PIOSNKA BYLABY
TYLKO DLA CIEBIE
DLA KOCHANEJ MATKI MOJEJ
Ale to co umiem
umiem tylko grac
Grac mojej MAMIE
na pianie na pianie
zagram JEJ na pianie
NA DZIEN MATKI DZISIAJ
W PODZIENCE MOJEJ MAMIE
ZAGRAM JEJ NA PIANIE
ZAGRAM JEJ NA PIANIE
JAK TYLKO POTRAFIE
ZAGRAM MOJEJ MAMIE
ZAGRAM JEJ NA PIANIE
JAK TYLKO POTRAFIE
a jak PIANO spadnie
to ja sie przestrasze
i podskocze w GORE
bo tylko to umiem
na swoim wozeczku
inwalidzkim moim
podskocze sobie w GORE
na wozeczku swoim
KOCHANEJ MAMIE
ZAGRAM TEZ NA PIANIE
ZAGRAM TEZ NA PIANIE
NAJBARDZIEJ TO LUBIE
JAK MOJA MAMA SIE SMIEJE
SMIEJE W KAZDY DZIEN DO
MNIE
ale jak tez mama
moja KIEDY PLACZE
to ja sie usmiecham
najpiekniej do niej
jak tylko sobie umiem
DLA MOJEJ MATKI KOCHANEJ
W DZIEN MATKI :O))***
wszystkie bratki i stokrotki
dla mojej kochanej matki:)
maly inwalidek;O))***

JEDEN USMIECH

NIE ROZNIL SIE NICZYM,
NA ZIELONEJ LACE
NIE ROZNIL SIE WCALE
WE FIOLETOWEJ KSIAZCE
NIE ROZNIL SIE ROWNIEZ
OD SLONCA NA NIEBIE
NAWET OD ZOLTEGO
TULIPANA W DONICZCE
NICZYM.
BYL TO JEDEN USMIECH
JEDEN USMIECH DLA POLAKA.

DO PRZYJACIELA

Do przyjaciela:)**
Do przyjaciela pisze ten wiersz
Bo on tylko wie czego od niego chcesz
czy on mnie rozumie
czy ja go tez
lecz prawde Ci mowie ze Ja kocham tez
Wiem ze tak ludzie mowia dziwacznie
Lecz oni takze Ciebie kochaja
czy dzisiaj czy jutro dowiesz sie tego
ze poprostu jestem pewna tego
Choc z dala zostaniesz
tam gdzies we wszystkim
pamietaj ze slowa
ktore Kocham
zostana na zawsze kocham
lecz ktos mi wydziera wciaz te moje slowa
ale sie nie martw ta dobra droga
nie bedzie spozniona
lecz bedzie doceniona
I znow popieram kazde to slowo
ktore mi dajesz od nowa
KOCHANA.

Chicago 11.26.2001Rok

To jest Moj Kraj

Powiewa Wiatr
W ogrodku moim
I szepcze mi
Gdzie jest?
Twoja POLSKA
To przeciez jest
Twoj Ojczysty kraj
Czy Ty to wiesz?
Nie zapomni o niej
Powiewa wiatr
I szepcze mi
Nie tesknij nic
Bo to Cie dzis dobije
To przeciez tu
Masz ojczysty kraj
To drugi kraj
Na ziemi obcej
I nie mysl nic
Nie pedz do swojej
Zostan tu
Gdzie jestes potrzebny
Rodzina DOM

To jest Twoj RAJ
O kraj kraj kraj
Moj kraj
Tak wkolo tu
Jest pelno kwiatow
I zywe sa bo maja kolor
A Ty tu masz swoj kraj
Tu Ci powiewa wiatr
Tu w tym ogrodku Twoim
Gdzie spojrzysz w gore
Widzisz swoj blask
Gdzie spojrzysz w bok
Widzisz swoj zmrok
I tu pozostan
To jest Twoj kraj
A mlode lata pamietaj
O to serce moje
O to serce twoje
Tak teskno nam
Tak teskno nam
Tu razem we dwoje.

CICAGO Maj 15.2002 Rok.

MILOSC

Bog wstepuje
W nasze serce
My lapiemy
Go za rece
Kochac Kochac
wolam
A Bog do mnie
Jestem
Twoj Pan
Dusza twoja
Jest i Moja
Milosc Serce
Dobroc Twoja
Bedziesz zawsze
Ty juz Moja
Lece z TOBA
Ponad ZIEMIA
Mam w objeciach
Milosc Twoja
Ty masz cala
Cala Mnie
Na oblokach
siedzisz sobie
Latasz tam
Gdzie pasuje
Zawsze Tobie
Kochasz wszystkich
Nie ustajesz
Serce bije
Jak dzwon Tobie
Badz tu ze Mna
Po wiek wieki
Bogu dziekuje
Teraz i na wieki.

OAK LAWN 19 Lipca 2006 ROK 16:46

CZLOWIEK DLA CZLOWIEKA

Czlowiek dla Czlowieka
Tyle sie poswieca
Kiedy jednen CZLOWIEK
z TYCH DWOJE UMRZE
Czlowiek Czlowiekowi
Ten drugi ktory zostanie
Powie tylko ostatnie dwa slowa
Wieczny Odpoczunek
I TAK
Czlowiek dla CZLOWIEKA
Jest tyle wart
ZA TE DWA SLOWA
Wieczny Odpoczynek

Maria Gromska

OAK LAWN Sob Kwi 01, 2006 10:49 pm

Urodziny SWIETEGO Ojca naszego POLAKA

Jestes Ojcem Swietym
Calego swiata i nas Polakow
Dumny Polak kazdy z Ciebie
Powinien sie cieszyc
Ojcze Swiety zyj nam dlugo
Ojcze Nasz
Papiezu Polski Kochany
Zyj nam przez dlugie lata
bo ty kochasz wszystkich ludzi
O pokoj prosisz w kazdy dzien
Ojcze Swiety Poblogoslaw nas
Poblogoslaw wszystkich ludzi
Nawet tym co sie z Toba zyc nudzi
My biegniemy razem z Toba
O zdrowie prosimy dzis dla Ciebie
W ktora strone dzis pojdziemy
Z Toba Ojcze Swiety dzis zyjemy
Dumna Polska z Ciebie jest
Zes tam Na WAtykanie dzisiaj jest
Jestes Glowa Kosciola
Kochamy Cie Ojcze Swiety
Ty cierpisz za nas
Idziesz droga zycia i Pokoju
100 lat zyj nam.

CHICAGO 18 Maja 2002 ROK 13:58

Ojcze Swiety

Kochany Ojcze Swiety
Kiedy zostales Papiezem
To ja skakalam w gore
I wtedy wiedzialam juz wtedy
Ze bedziesz rzadzil swiatem
Jak przyjechales z pielgrzymka
Tu do nas nA Podhale
wiedzialam wtedy ze trzeba kupowac bilet
wtedy pierwszy raz w zyciu
koleja jechalam zobaczyc Papieza
wtedy dla mnie godzina byla naprawde swieza
raniutko o czwartej wstalam
i poszlam na stacje w Podczerwone
wtedy wiedzialam juz wtedy
ze naprawde jade dalej
Ten bilet kupil mi Ojciec
Najlepszej przyjaciolki mojej
bo mojego Ojca juz nie mialam
gdy zajechalam do Nowego Targu
pierwszy raz w zyciu
do dzis zapamietalam
ZE Ojca SWietego wtedy na zywo
w pierscien w reke calowalam
jak szlismy na lotnisko
zapamietalam most i wode
potem pola i plac duzy
gromade ludzi i krzyk
Niech Zyje Ojciec SWIETY
AAA JAK PADAL DESZCZ
ZACZELO sie wszystko rodzic
i naszej POLSCE POWODZIC
my zaczelismy chodzic
taki wielki tlum wtedy szedl
kolej dalej wiozla nas
w Nowy Targ
czy moze na PODHALE
CIESZYLAM SIE Z TEGO
ze Ojca Swietego widze
NASZEGO Polaka Prawdziwego.

CHICAGO 18 Maj 2002 ROK 14:44

SLADY SERCA

Gdy SERCE kieruje
a DUSZA spiewa
czyz to nie piekne
na swiecie
czyz to nie piekne
jak sie glosno mysli
SAMEMU
OKO nawet DROGE
WIDZI SZEROKO:*
Brama otwarta
do raju nam SZEROKA
A DROGA PROSTA i krzywa
wiedzie nas wiedzie
tam gdzie CZEKA NAS
CZEKA PAN:)
z rekami czystymi
i SERCEM CZYSTYM
A JAKA DUSZA
JAKA TA NASZA:
NAJCZYSCIEJSZA
NAJ NAJ NAJ:
NAJPIEKNIEJSZA
AZ UNOSI SIE
PONAD CHMURY

JAK ANIOLY
DROGE WSKAZUJE NAM
TU NA ZIEMI
TU MAMY DROGE TU
TU JUZ WSZYSTKO
POKAZANO NAM TU
GDZIE KROCZYMY
I SLADY ZOSTAWIC MUSIMY
MY ZYWI LUDZIE MY ZYWI
BO TAK NASZ PAN NAM TO DAL
ALE WOLE WYBIERAMY SAMI
MY KOCHANI MY
TO MY
JA I TY TO MY:))))))
DROGA NA ZIEMI
IDZIEMY IDZIEMY
I KROKI STAWIAMY
JAK TO WIDZIMY
SLADY ZOSTAWIAMY
SLADY SERCA
TO MY TO MY TO MY
TO MY SLADAMI JESTESMY
TO MY WLASNIE TO MY
SLADY SERCA.

WIELKI PAN

Najlepiej i najlatwiej rozmawiam z Bogiem
Wszystko mi Bog podpowiada
Co pisze mowie i robie
Naprawde Nas Kocha
W dzien w nocy i zawsze
Gdy Mowie do Boga
Otwiera mi serce
Gdy mowie do Boga
Odpowiada mi slowem
Rob tak
Bo robisz dobrze
Wtedy czuje sie wolna
Jak chmura na niebie
Bog dal mi wszystko
I daje nadal
Dziekuje Mu za to
Bo Bog jest wszsytkim
Trzeba wierzyc ze Pan Bog jest z nami
trzeba widziec zawsze i wszedzie
Trzeba mowic do BOGA WSZYSTKO
Trzeba zostawic PRZYJACIOL
TRZEBA ISC ZA WIELKIM PANEM.

Maria Gromska

05 MAJ 1993 Czarny Dunajec

Zycie Baligowca

Ide droga z Baligowca
Nagle w polowie droga urywa sie
Spadam spadam bardzo gleboko
Wiedzac ze krzyki sa daremne
Czuje ze trace wszystko
Zegnam sie
W Imie Ojca i Syna I Ducha Swietego
Nagle zlapal mnie Bog na rece
Patrze na Boga bardzo jest duzy
Mowie dziekuje Ci Panie
Moje zycie toczy sie dalej...

Maria Gromska
27 luty 1996 wtorek 5:21

„Zamek w Niedzicy"

OGRODY w Hinsdale

Kiedy przebywam
w Ogrodzie w Hinsdale
W jednym ogrodzie
w drugim i trzecim
to mi sie przypomina
taka prawdziwa
NORMALNA POLSKA
Tyle pola i trawy
tu drzewo tam drzewo
a potem las gaje polany
oraz kamienie jakby to bylo
jak za dawnych lat
Pieknie tu chodzic po takich ogrodach
i czuc to samo co kiedys za mlodu
i nawet te same
slowa gadane przez tate
oraz moja Kochana Mame
skad Ci ludzie wiedza
jak przemawia sie do kogos
co kiedys slyszal to samo
i te slowa mile
normalnie wczoraj
czulam jakbym miala tate
obok Siebie samej
i czuje i mysle
i jakbym to kiedys juz miala
i kiedys widziala widziala
a moze to sen taki mialam
bylam w takim miejscu kiedys
i wczoraj zowu poznalam wlasne
ze tu juz kiedys bylam i chodzilam
po tym samym ogrodzie
jednak to jest przezycie
piekne i bardzo kochane
wrocic sie w to samo miejsce
poziomek tyle mleczy
i drzew iglastych
i nawet oset wyrosl
w tym samym miejscu
co kiedys sobie tam rosl
i maly zajczek
i slonce to samo gorace
a kiedy mialam powiedziec Ci
ze jestes podobny do mojego taty
wtedy zadzwonil telefon
i rozmowa skonczyla sie
skonczylo sie wszystko
i nawet woda zrodlana wczoraj
Jestes Kochany
z tych
tu OGRODow w Hinsdale.

2006-08-07 02:07:45

OAK LAWN

Parada w Chicago

Powiewa flaga bialo-czerwona
Tyle tu radosci wsrod ludzi
To Nasza Parada w Chicago
To Polska flaga
Powiewa tak dumnie
To Nasza Polska
Flaga bialo-czerwona
To my Polacy
Wsrod innych narodow
To jest Parada w Chicago
To Polskie Nasze Swieto
Parada 3-goMaja
Idziemy
wykrzykujac radosnie
Polska niech zyje
Niech Polska zyje
Tutaj w Chicago.

2005 CHICAGO

To Miasto Moje Chicago

TAK OGROMNE TO MIASTO
TO MIASTO MOJE CHICAGO
CHOCIAZ CIASNO
TU JEST ZAWSZE
CHOCIAZ TYLE
LAMP TU SWIECI
ALE LUBIE
TO MIASTO MOJE Chicago
LUBIE WRACAC
NA KOSTNER HEJ
DOBRZE ZE POJECHALAM
TAM W SOBOTE
BO MIALAM WAZNY
BARDZO WAZNY
LIST JESZCZE
BARDZO WAZNY BARDZO
A JUZ MYSLAALM
ZE MI NIE PRZYJDZIE
JAK TO POCZTA WYSYLA
CZY MNIE TAK DOKLADNIE ZNA
ADRES NOWY MARIA GROMSKA

NA STARY ADRES ZACHODZI
DZIWNE TO CHICAGO
BO ZACHODZA MI TAM LISTY
MOZE DZIWNIEJSI LISTONOSZE
NIE PATRZOM NA ADRES
INO NA IMIE I NAZWISKO
TAM GDZIE MOJ DOM W CHICAGO
LISTY DO DRZWI ZANOSZom
JEDNAK TO MIASTO MOJE I DOM
KTORY WCIAZ ZE MNA ZYJE:))

PACZKI PO ROKU TAM PRZYCHODZOM
ALE CYRKI NOWY ADRES
A NA STARY adres
LISTONOSZE PACZKI NOSZOM
JEDNAK CZUC
ZE TEN DOM ZYJE
To Miasto Moje Chicago

04 grudnia 2006
16:00

„Chicago"

MAMY ZIME

Mamy Zime
Mamy Mroz
Oj SZCYPALA
Mnie dzis w nos:>)
Rece czulam
Jak przed laty
NAWET CZULAM
SERCE TATY
CZULAM TO
JAK SIUST DAWALAM
SIUST W DOL
NA SANKCH HEJ
BYLO WTEDY MROZISKO
Tak jak dzis
przed chwila raniusko
a kto by to wiedzial
w tamtych latach
ze dzis poczuje
Mroz i chlod
taki sam
jak w tamtych latach
to bylo
30dziesi lat temu
w POLSCE W KONIOWCE
A DZIS W OAK LAWN2006

Nieznany duszek

Nieznany duszek
Byl taki dzien
WSZYSTKICH SWIETYCH
bylo takich
wiele innych
JedenJEDEN jeden
w roku
o ktorym nie powie
nikomu
stala nad grobem
z duszkiem gadala
Milosc czy zlosc
dUSZKA PYTALA
DUSZKU DUSZKU
POWIEDZ
COS
a on milczal nic nie gadal
tylko tyle
ze sie zakochal
Bede czekal.....
ta granica jest milczenia
nigdy
wiecej duszka nie ma
W glebi serca
w glebi cienia
zostal tylko
slad istnienia

CHICAGO styczen 20 2001 rok.

Maryja wysluchala nie zawiodla.

Maryjo kiedy bylam mala
Do Ciebie zawsze sie modlilam
Moja mama i babcia mnie nauczyly
Kiedy bylas u nas w odwiedziny
Widzialam lze w twoim oku
Takie smutne oczy mialas
Chcialas cos powiedziec
Ja stalam patrzylam na Ciebie
Moja kochana Maryjo
Swiatelka nad Toba ladnie migaly
Ludzie spiewali coraz ladniejsze piesni
Pamietam jak cztalam powitanie
Wjednej chcwili nie dalo mi wydusic z siebie
Ani jednego slowa
Bo czulam ze cos do mnie mowisz
Kiedy ludzie spiewali piosenke
Nie placz juz dziecino
Nie placz ze juz nie......
Wszyscy znikneli z oczu mych
Tylko Ty jedna zostalas mi
Usta Twoje otwieraly sie
Serce coraz mocniej bilo
Od domu do domu chodzilas
Tak slicznie wygladalas
Nawet 3 pytania mi wybralas
Ktore pozniej zdalam
To Ty Maryjo tam bylas
Przeciez mozna wierzyc i ufac w kazda Twoja prosbe
Ty nigdy Maryjo nie zawiedziesz
Ty jedna sposrod wszystkich.

czerwiec 4.1996r.

Moje Gory Tatry dalekie z bliska ogladane

Moje Gory Tatry dalekie z bliska ogladane
Moje wiyrsycki brzyski i goje
Jak o Wos myslym serce mi sie kraje
Bol to jest strasny kozdy to wiy
Jakby to byl wlosny
nad tymi Tatrami sloneczko swiyci
Kozdy z nos tyn krzyz nas widzi
Widzi go ceper turysta i spisok
I kozdy maly swistok
NA TYCH GORACH NASZYCH sniezek sie blyszczy
Temu sie zjezdzajom tam wszyscy
Choc zek spod Tater
Na Giewoncie zek nie byla
Telo ino cok sie na niego za mlodu napatrzala
I leku wysokosci zek sie nabawila
Bok skokala po drzewach
I spadlak z wysokiego drzewa
Ale sercem i duszom Wos moje Gory Tatry pokochala
Kiek se chciala wyjsc na gore
To skala zleciala mi na glowe
I odtad uderzyly mnie wiyrsycki i gory
Tak mi Gory Tatry dalekie byly z bliska ogladane
A teraz z daleka patrzec i tesknic do nich pisane.

CHICAGO Czerwiec 05.1996 ROK

Pies Ciapek

Wychowany w wiosce
W wiosce w Koniowce
Zawsze jadal w misce
Byl przywiazany do plota
Kiedy sie zerwal
Zawsze cos znachodzil
Wiedzial komu trzeba oddac
Nieraz byl madrzejszy od ludzi
Kiedy wchodzil do piwnicy
Siedzial i dzemal przy piecu
Do przystanku nas
Odprowadzal i przyprowadzal
On czul i wiedzial
Ze o tej godzinie ktos przyjdzie
Wcale sie przechytrzyc nie dawal
Byl to pies madrala
Pies Ciapek
Zostal tam za woda
pochowany pod gajem

9.15.1998r

Dla Moich Dzieci

MOJE Kochane Dzieci

Chcialabym Was moje dzieci male

Nauczyc Polskiej naszej mowy

Byscie wiedzialy i o niej nie zapomnialy

Do babci ciotek i wujkow troche pisywaly

Bo jak tam kiedys pojedziecie

Zebyscie sie nie czul jak sledzie

Bede Wam przypominac co dzien

Jak Wy to przyjmiecie pozniej sie okaze

Chce Was nauczyc troche naszej piesni

Zebyscie ja potem wszyscy ja niesli

Zebyscie sie ze mna i z nimi dogadali

Moje KOCHANE DZIECI

Niech Wam POLSKA w glowie swieci

Zeby POLSKA BYLA BLIZEEJ

Jezdzilibysmy co dzien

Tylko ze jest daleko

Musimy tesknic do niej

Moje Kochane DZIECI

Niech Wam Polska w glowie swieci

Maria Gromska
CHICAGO 21 MAJ 1996

WIERSZ DLA CIOCI JOZI KULESZY Z BIELSKA PODLASKIEGO

Kochana Polska Ciociu
Tys mnie nauczyla listy do Ciebie pisac
Choc bylas daleko
Tys mnie nauczyla
Choc bylam nieraz niedobra i nerwowa
Nieraz plakalam Tys mnie pocieszala
Kazde slowo twoje czytalam dokladnie
Kiedy dzisiaj Ci pisze wiersz dla Ciebie
Ciesze sie ogromnie
I bardzo jestem szczesliwa
Zes Tys mnie nauczyla
Listy do Ciebie pisac

CHICAGO luty 19 1996rok

„Cerkiew w Bielsku Podlaskim"

Adam Malysz

Adam Malysz
Ma zoneczke i coreczke
I zwierzatek troszeczke
Are ma co gada
czy ma taka gware jak ja?)
Adam Malysz gdzies Ty leciol
Czys Ty widzial ptaszki swoje
Ciekaw jestem cos Ty myslal
jakzes lecial jakzes lecial
Z Polski Rodem
Z Wisly Czlowiek
zwykly polski nasz chlop
COS TAM WIDZIAL JAKZES LECIAL WYSOKO
Chciales zdobyc pewnie slonko
A tu ziemia mety nie ma
POZA META BYLA STREFA
No i co teraz bedzie z Toba
Bedziesz Polak nad Polakiem
CHCIALES METE MASZ TA METE
I NIE BEDZIESZ ZWYKLY CHLOP

BO RADARY BEDA CUP
WASIK FAJNY NOSEK FAJNY
to dlatego pomogl ci
bedziesz teraz WIELKI CZLEK
CZY MOTOREK MIALES W NARCIE
Zes gazowal calym gazem
dobrze ci tam w tym powietrzu
bo gazu nie bylo trza
Ale jestes Adam Malysz
MALYSZ MALYSZ
nie chciales WIELKIM STAC SIE
A my biedni PODHALANIE
o takim skoku mozemy tylko snic
zyczymy ci takim zawsze byc
my sportowcy mali swarni
moze bedziesz kiedys w gwardii

odwiedz nas tam Adam
POZDRAWIAM:)))

CHICAGO MARZEC13 2001

Dziekuje Ci Panie

Dziekuje Ci Panie z moja pamiec
Dziekuje Ci Panie za wszystko co mi dajesz
Za moje cierpienia troski i wesela
Kiedy spie i chodze
Ty masz mnie w opiece
Czuwasz nade mna w kazdy czas
Ciagle kierujesz moim zyciem
Bez Ciebie nie moge wymyslec zadnego slowa
Przez to moje serce Cie Kocha
Najwiecej na swiecie
Bo wszystko pochodzi Panie od Ciebie
Nieraz upadam nie mam sil
A Ty mnie dalej dzwigasz
Tak chcesz ciagle cos ode mnie
Dziekuje Ci Panie
Tak wiem
Mojej modlitwy
Ojcze Nasz i Zdrowas Maryjo.

Maria Gromska

Chicago 05.15.1996r.

MILOSCIA MOJA JEST PAN BOG

TO ON TO ON TO ON
MILOSCIA MOJA JEST PAN BOG
TO ON TO ON TO ON
MILOSCIA ODWZAJEMNIA SIE
MILOSCI SZUKA POSROD WAS
MILOSCI SZUKA CO DZIEN HEN
HEN HEN HEN TAM
GDZIE SCHOWANA MILOSC JEST
W KAZDYM CZLOWIEKU MILOSC TKWI
ABY ZAGLADNAC W SERCE TO
SZUKAM SZUKAM I ZNAJDUJE TO CO CHCE
A WY BOICIE SIE MNIE
MILOSCI SZUKAM POSROD WAS
I TAK WCIAZ KOCHAM JEGO TEZ
BO TA MILOSCIA JEST MOJ BOG
TO ON TO ON TO ON
NAJWIECEJ NA ZIEMI
KOCHAM GO
ON WSZYSTKO MI DAJE CO CHCE
O CO JA GO PROSZE
DAJE MI
NAWET MALA MALUTKA RZECZ
ON ZAWSZE WYSLUCHA
MODLITWY DO UCHA
ON SLYSZY SZLYSZY WCIAZ
CZY ZLEGO DOBREGO CZLOWIEKA
ON WSZYSTKO WYSLUCHA
MODLITWY DO UCHA

TO ON TO ON TO ON
MILOSCIA ODWZAJEMNIA SIE
TO ON TO ON TO ON
TAK DUZO MI DA
GDY SLYSZE GLOS JEGO
USMIECHAM SIE DUZO
TO ON TO ON TO ON
NA ZIEMI NAJWIECEJ KOCHAM GO
ON DAJE MI SILE CO DZIEN
I MOC KTORA ON MA
TO ON TO ON TO ON
TO JEGO NAJWIECEJ NA ZIEMI KOCHAM
TO ON TO ON TO ON
JEMU TYLKO MOZNA UFAC
BO TO JEST ON
PRAWDZIWA MILOSCIA
TO ON TO ON TO ON
I TEMU UFAM MU
TO ON TO ON TO ON
NAJWIECEJ NA ZIEMI
KOCHAM GO
NIE TRZEBA SIE GO NIGDY BAC
MILOSCIA MOJA JEST PAN BOG
MILOSCIA ZYJE CO DZIEN TU
TO ON TO ON TO ON
NAJWIECEJ NA ZIEMI
KOCHAM GO
BO TO JEST ON TO ON TO ON TO ON

CHICAGO 01 lipca 2004 14:34

Kazdy moze kochac

KAZDY MOZE KOCHAC
inna pore roku
a ja tak sobie mysle
ze nadal kocham Tatry
Ja kocham Tatry
za to ze som Gory ze skaly
za to ze tyle wytrwaly
za to ze stojom ku niebu
i mogom grac sercu mojemu
Hej moze mi Gory
dzis odpowiedzom
ze mnie tak samo dzis kochajom
moze uslysze gdzies to ECHO
na hali a ucho uslyszy
moje kocham
od samych tych moich Tatr
czy mi te Tatry
choc jedno pytanie
zadadza kiedys
czemu mnie one kochaly
tak jak ja dzis im odpowiadam
niech i mi one kiedys odpowiedzom
tym samym
PODHALE
KOCHAMY CIE
hej

kwiecien 2006

„Płytę CD znajdziesz na www.panometr.com”

Pierwsza coreczka

Kuleczka drobna i mala
Byla wspaniala
Na nosku czerwona plamke miala
Smiala sie i plakala
Dorotka na imie jej dalam
Ta kuleczka to moja pierwsza coreczka.

Chicago Styczen 25.1996 rok.

Spis treści

Printed in the United States
88105LV00004B